Mae ffaith yn rhyfeddach na ffuglen . . . stori i Hannah,
Iola ac Web a theuluoedd dros y byd – CB

I Jules, Ames ac Els, â chariad – SW

I Jay, â chariad – AH

**Hoffai'r cyhoeddwyr a'r awduron ddiolch i Dr Brian Rosen o'r *Natural History Museum*, Llundain
am ei gyngor amhrisiadwy a'i gefnogaeth fel ymgynghorydd gwyddoniaeth y llyfr hwn.**

Cyhoeddwyd gan Rily Publications Ltd, Blwch Post 257, Caerffili CF83 9FL
Hawlfraint yr addasiad © 2017 Rily Publications Ltd
Addasiad Cymraeg gan Siân Lewis

ISBN 978-1-84967-398-3

Cyhoeddwyd yn wreiddiol yn Saesneg yn 2015 dan y teitl
The Story of Life gan gan Frances Lincoln Children's Books,
74–77 White Lion Street, Llundain N1 9PF

Mae'r cyhoeddwr yn cydnabod cefnogaeth ariannol Cyngor Llyfrau Cymru.

Argraffwyd yn China

CYMYSGEDD
Papur o
ffynonellau cyfrifol
FSC® C008047
FSC www.fsc.org

Stori
BYWYD
Llyfr cyntaf am esblygiad

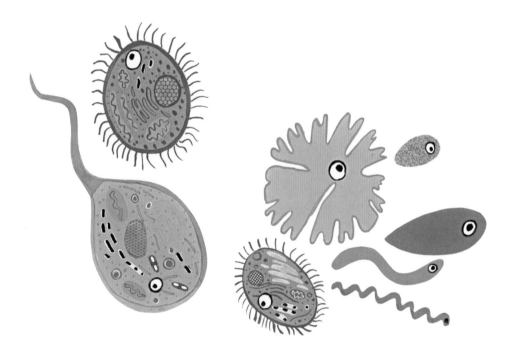

Catherine Barr a **Steve Williams**
Darluniwyd gan **Amy Husband**
Addasiad **Siân Lewis**

RILY
rily.co.uk

Ar y dechrau, doedd
dim byd yn byw ar y Ddaear.
Roedd yn lle poeth a swnllyd iawn.

Roedd nwy myglyd yn ffrwydro
o losgfynyddoedd a moroedd o
lafa'n byrlymu dros y glob.

Tasgai creigiau tawdd dros y tir
chwilboeth, dan gymylau
o ludw.

llosgfynydd

lafa

4.5 biliwn o flynyddoedd yn ôl

Yna, yn nyfnder tywyll y môr, digwyddodd rhywbeth rhyfeddol.

Yn y dŵr cynnes, ger llosgfynyddoedd tanddwr o'r enw mygwyr du, daeth tameidiau bach, bach at ei gilydd.

mygwyr du

swigod

3.5 biliwn o flynyddoedd yn ôl

Roedd y tameidiau'n rhy fach i'w gweld.
Efallai eu bod wedi disgyn o'r gofod
neu wedi byrlymu o dan wely'r môr.

Y tameidiau hyn ffurfiodd
y bywyd cyntaf ar y Ddaear.

tameidiau bach

gwely'r môr

Smotyn anhygoel o fach a di-siâp, o'r enw cell, oedd y bywyd cyntaf hwn.

y gell gyntaf

Ymhen amser, dechreuodd celloedd fyw gyda'i gilydd, a ffurfio matiau gludiog, sleimllyd. Tyfodd y matiau mor fawr â gobenyddion.

mat sleimllyd o gelloedd

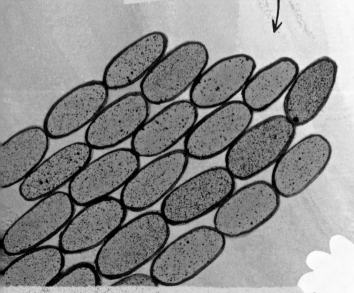

ocsigen anweledig

3 biliwn o flynyddoedd yn ôl

y cyfandiroedd cyntaf

ocsigen anweledig

Dechreuodd rhai celloedd ddefnyddio golau'r haul, dŵr a nwy o'r aer, i'w helpu i dyfu.

Datblygodd y rhain yn biliynau o gelloedd.

Ac felly cymylwyd y moroedd gan wahanol fathau o fywyd newydd.

Roedd rhai celloedd yn chwythu allan nwy anweledig, o'r enw ocsigen. Newidiodd ocsigen yr aer, a lliw'r blaned hyd yn oed.

Wrth fynd o gwmpas y glob, trodd yr ocsigen y creigiau du yn felyn, coch a brown.

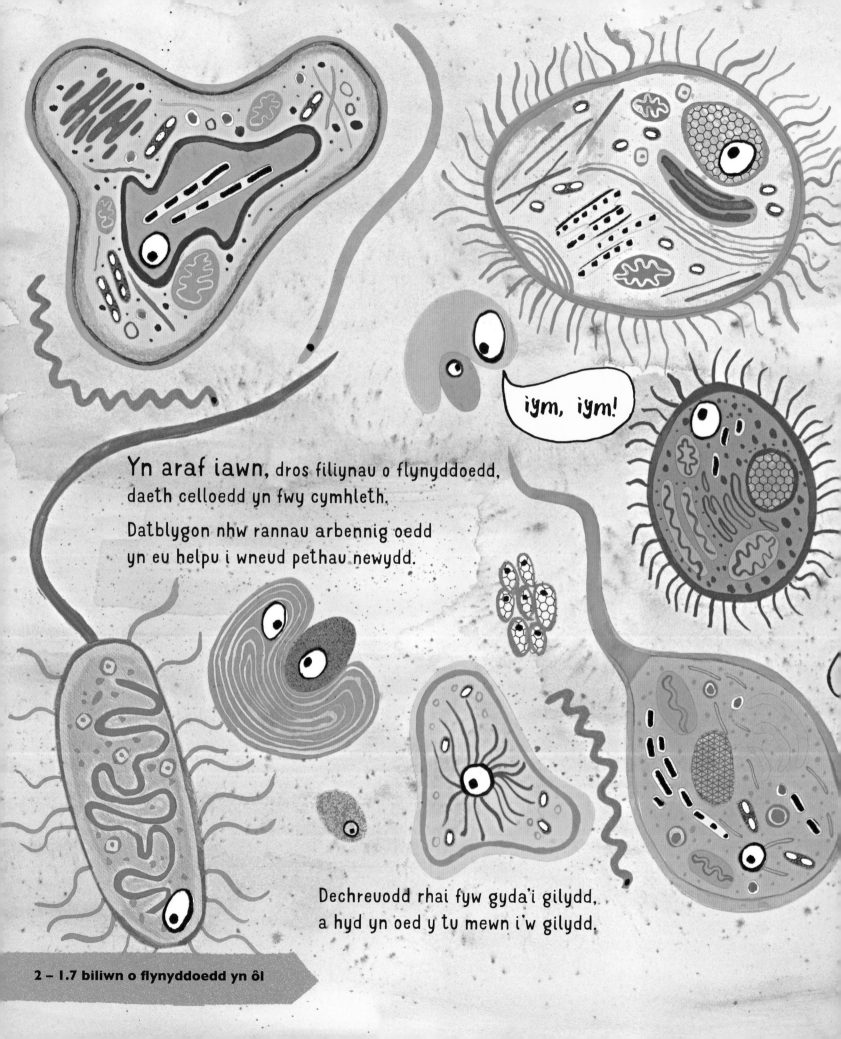

iym, iym!

Yn araf iawn, dros filiynau o flynyddoedd, daeth celloedd yn fwy cymhleth.

Datblygon nhw rannau arbennig oedd yn eu helpu i wneud pethau newydd.

Dechreuodd rhai fyw gyda'i gilydd, a hyd yn oed y tu mewn i'w gilydd.

Ni yw'r anifeiliaid cyntaf yn y byd.

Wrth i'r aer lenwi ag ocsigen, dechreuodd rhai celloedd ei ddefnyddio i dyfu'n fwy ac yn fwy. Felly newidiodd y nwy newydd hwn bopeth byw am byth.

Ffurfiodd y celloedd siapiau rhyfeddol o bob math. Tyfodd rhai yn anifeiliaid. A dyna fywyd ar y Ddaear yn dechrau symud go iawn.

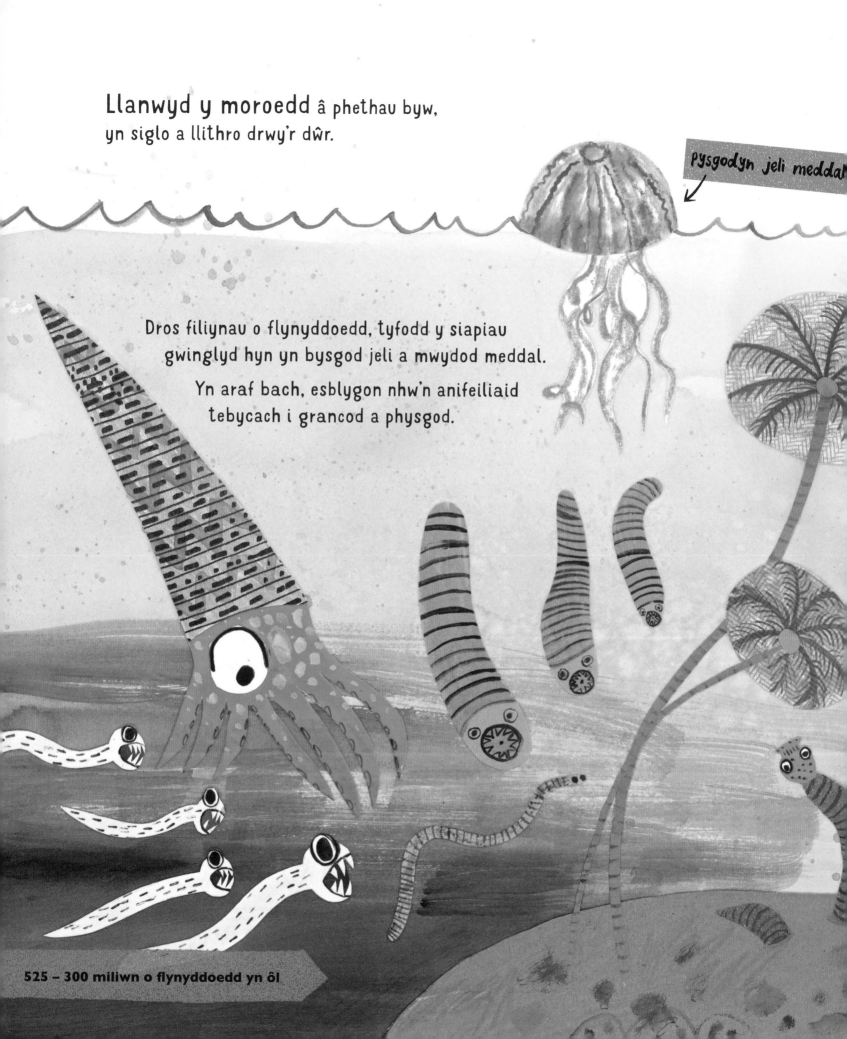

Llanwyd y moroedd â phethau byw,
yn siglo a llithro drwy'r dŵr.

Dros filiynau o flynyddoedd, tyfodd y siapiau
gwinglyd hyn yn bysgod jeli a mwydod meddal.
Yn araf bach, esblygon nhw'n anifeiliaid
tebycach i grancod a physgod.

pysgodyn jeli meddal

525 – 300 miliwn o flynyddoedd yn ôl

Roedd rhai creaduriaid yn cystadlu am le,
yn bwyta'i gilydd, ac yn tyfu'n fwy ac yn fwy.

Roedd eraill yn cnoi planhigion, ac yn llowcio
gweddillion anifeiliaid marw.

O'r dyfnderoedd tywyll i'r pyllau bas,
dewisodd gwahanol greaduriaid fyw
mewn gwahanol fathau o leoedd gwlyb.

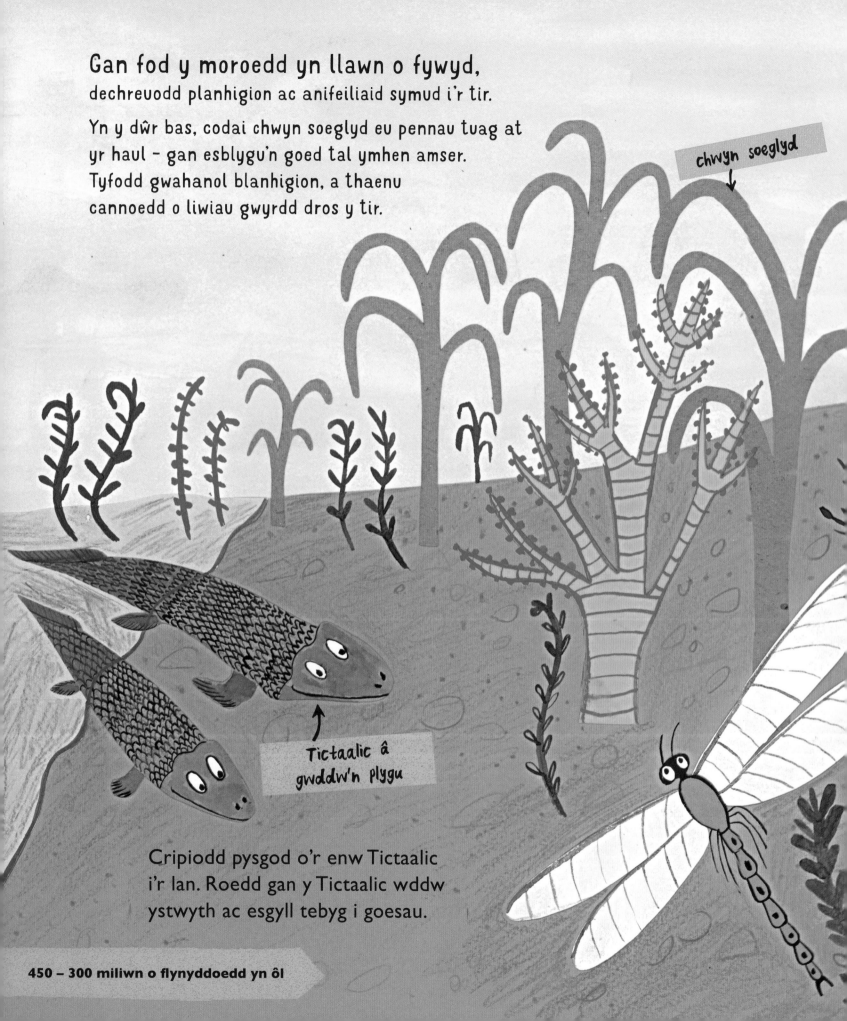

Gan fod y moroedd yn llawn o fywyd,
dechreuodd planhigion ac anifeiliaid symud i'r tir.

Yn y dŵr bas, codai chwyn soeglyd eu pennau tuag at yr haul – gan esblygu'n goed tal ymhen amser. Tyfodd gwahanol blanhigion, a thaenu cannoedd o liwiau gwyrdd dros y tir.

chwyn soeglyd

Tictaalic â gwddw'n plygu

Cripiodd pysgod o'r enw Tictaalic i'r lan. Roedd gan y Tictaalic wddw ystwyth ac esgyll tebyg i goesau.

coed tal

Yn y diwedd llanwyd y coedwigoedd corslyd â chreaduriaid tebyg i frogaod a phethau sleimllyd eraill.

Am y tro cyntaf hedfanodd pryfed enfawr drwy'r awyr boeth a llaith.

Am le slwtshlyd, braf!

cymylau o lwch

Ac yna – trychineb!
Lladdwyd y rhan fwyaf o fywyd ar y Ddaear.

Ond beth ddigwyddodd? Mae gwyddonwyr
yn dal i geisio darganfod yr ateb.

Efallai bod cymylau enfawr o lwch wedi ffrwydro
o losgfynyddoedd a chuddio'r haul yn llwyr.

250 miliwn o flynyddoedd yn ôl

olion traed deinosor

Heb olau na gwres, roedd hi'n anodd byw. Ond llwyddodd anifeiliaid cennog, tebyg i fadfall, i oroesi.

Dyma'r cyntaf i ddodwy wyau ar dir sych. Dechreuon nhw gynyddu a thyfu'n fwy nag erioed.

Ymhen amser fe dyfon nhw'n ddeinosoriaid, y creaduriaid mwyaf a welwyd erioed ar dir.

Ble mae Pawb?

yr wyau cyntaf â phlisg

Pan gerddai'r deinosoriaid mwyaf,
byddai'r Ddaear yn crynu.

Taranai'r ymlusgiaid enfawr dros anialdiroedd,
a cherddai eraill drwy gorsydd.

Tyranosorws

Roedd rhai'n ddychrynllyd,
mor dal â thŷ, â dannedd garw.

Brachiosorws

230 – 200 miliwn o flynyddoedd yn ôl

Felosiraptor

Symudai deinosoriaid bach, heb ddannedd yn eu pig, yn gyflym iawn, gan ruthro ar draws y gwastatir â'u dwylo bachog.

Roedd rhai'n bwyta planhigion – a deinosoriaid eraill yn bwyta'i gilydd!

Stegosorws

Sbinosorws

Crwydrai'r deinosoriaid dros y tir, sef yr un ynys fawr oedd yn dechrau cracio a gwahanu.

Roedd creaduriaid rhyfeddol, tebyg i fadfallod, yn gwibio drwy'r awyr, a chrocodeilod, siarcod ac ymlusgiaid mawr eraill yn nofio yn y moroedd cynnes.

Roedd yr awyr, y tir a'r môr yn llawn o filiynau o wahanol blanhigion ac anifeiliaid.

Pterodactyls

Ichthyosor

siarc

Pliosor

200 – 65 miliwn o flynyddoedd yn ôl

Ichthyosor

CRAWC

Rhedai creaduriaid bach blewog,
y mamaliaid cyntaf, i'w tyllau
yn y coedwigoedd prysur.

Dyma'r cyntaf i eni babanod,
yn hytrach na dodwy wyau.

Roedd pob math o bethau byw yn cystadlu am fwyd a lle.

Goroesodd y rhai mwyaf llwyddiannus, a dechreuodd yr
adar cyntaf grawcian a chanu.

mamaliaid

Daeth lliwiau i'r byd wrth i'r blodau cyntaf gynhesu yn yr haul.

Gyda help pryfed, tyfodd y blodau dros bobman, gan wasgar aroglau newydd.

144 – 65 miliwn o flynyddoedd yn ôl

Ond unwaith eto roedd popeth ar fin newid.

meteorit

Trawodd craig enfawr, o'r enw meteorit, yn erbyn y blaned – a hyrddio llwch dudew i'r awyr.

Ffrwydrodd llosgfynyddoedd dros y glob.

Disgynnodd y llwch dros bob peth byw.
Llifodd y lafa, ac oerodd y tymheredd.

Magnolias

Disgynnodd tywyllwch rhewllyd dros y byd.

Yn yr oerfel, heb fwyd, bu farw'r deinosoriaid.

Y 'tro hwn, goroesodd yr anifeiliaid bach blewog.
Efallai bod ganddyn nhw loches, ac roedd eu blew
yn eu cadw'n gynnes.

Esblygodd y creaduriaid gwaed cynnes, blewog hyn yn
bob math o anifeiliaid gwahanol. Ac felly, ar ôl diflaniad
y deinosoriaid, y mamaliaid oedd yn rheoli'r byd.

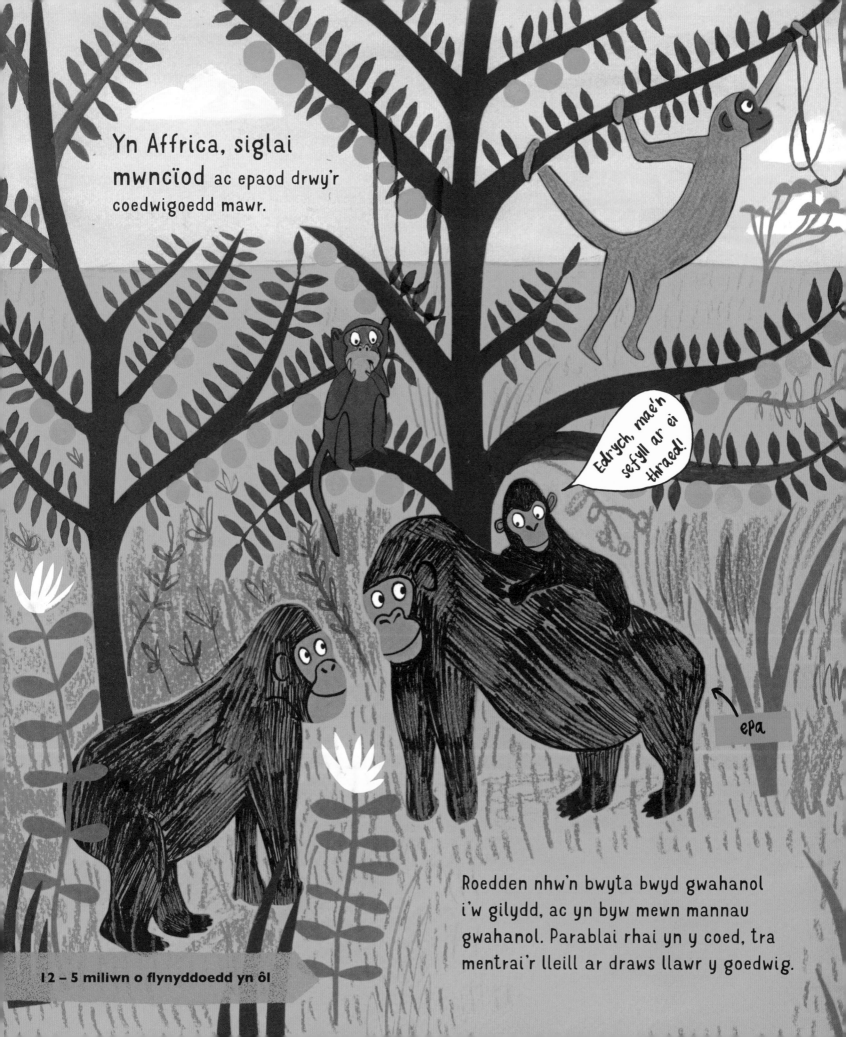

Yn Affrica, siglai mwncïod ac epaod drwy'r coedwigoedd mawr.

Edrych, mae'n sefyll ar ei thraed!

epa

Roedden nhw'n bwyta bwyd gwahanol i'w gilydd, ac yn byw mewn mannau gwahanol. Parablai rhai yn y coed, tra mentrai'r lleill ar draws llawr y goedwig.

12 – 5 miliwn o flynyddoedd yn ôl

mwnci

Dros amser, roedd llai o law'n disgyn a'r goedwig yn lleihau. Roedd yr epaod a ddysgodd gerdded ar ddwy goes dros y tir mwy agored yn goroesi'n well.

Yn y diwedd esblygon nhw'n bobl.

Lucy

Daeth gwyddonwyr o hyd i esgyrn un o'r epa-bersonau cyntaf hyn, a'i galw'n Lucy.

Roedd Lucy'n byw dros dair miliwn o flynyddoedd yn ôl.

Dysgon nhw sut i gynnau tân i'w cadw'n gynnes.

Roedden nhw'n medru hogi cerrig i wneud offer, a mynd allan i hela.

arf carreg

5 miliwn – 60,000 o flynyddoedd yn ôl

Mae olion traed ffosiledig yn dangos bod y bobl gynnar hyn yn cerdded ochr yn ochr dros y tir agored.

gwaywffon hela

Dechreuodd gwahanol grwpiau gerdded o Affrica a chwilio am gartrefi newydd.

Wrth iddyn nhw symud o le i le,
oerodd y Ddaear, ymledodd yr iâ a rhewodd y moroedd.

Yn ystod oesoedd yr iâ, roedd bywyd yn anodd i'r bobl gynnar.

Roedd y rhai oedd yn defnyddio offer ac yn deall sut i gadw'n
gynnes yn goroesi'n well. Symudodd y bobl hyn ar draws y byd.

Datblygodd eu hymennydd, a dechreuon
nhw feddwl 'run fath â ni.

60,000 o flynyddoedd yn ôl – heddiw

Bydd pobl, a phob bywyd arall
ar y Ddaear, yn dal i esblygu dros amser.

Rydyn ni'n dysgu mwy a mwy am y byd o'n cwmpas.

heddiw

Ein her yw gwarchod y blaned laswyrdd hon sy'n gartref i ni.

Ond rydyn ni hefyd yn difetha lleoedd gwyllt ac yn newid yr hinsawdd.

Felly mae rhai planhigion ac anifeiliaid yn diflannu unwaith eto.

P'un a ydyn ni yma ai peidio, bydd ein planed yn parhau i droelli drwy'r gofod am biliynau o flynyddoedd.

Felly dyma ddiwedd y llyfr hwn, ond mae stori ryfeddol bywyd ar y Ddaear yn dal i fynd yn ei blaen.

Beth nesa?

Rhestr o eiriau defnyddiol

Celloedd – pethau byw bach, bach, a blociau adeiladu pob bywyd ar y Ddaear.

Cyfandir – darn enfawr o dir. Heddiw mae saith cyfandir ar y Ddaear.

Deinosoriaid – ymlusgiaid, rhai enfawr gan amlaf, oedd yn byw ar y Ddaear dros 65 miliwn o flynyddoedd yn ôl.

Diflanedig – pethau byw, sydd erbyn hyn wedi diflannu o'r Ddaear.

Esblygiad – y modd y mae pethau byw'n newid dros amser, ac weithiau'n ffurfio mathau newydd o fywyd.

Ffosiliau – olion pethau oedd yn byw filiynau o flynyddoedd yn ôl. Fe'u gwelir mewn creigiau.

Ffotosynthesis – y modd y mae planhigion yn defnyddio golau'r haul, dŵr a nwy o'r enw carbon deuocsid i'w helpu i dyfu.

Lafa – craig dawdd, chwilboeth, sy'n ffrwydro o losgfynydd.

Lucy – yr enw a roddwyd i ffosil un o'r epa-bersonau cyntaf, a ddarganfuwyd yn Affrica.

Llosgfynydd – mynydd neu fryn â thwll mawr, o'r enw crater, sy'n chwythu lafa a nwyon o gramen y Ddaear.

ynyddoedd yn ôl

2 – 1.7 biliwn o flynyddoedd yn ôl

525 – 300 miliwn o flynyddoedd yn ôl

450 – 300 miliwn o flynyddoedd yn ôl

250 miliwn o flynyddoedd yn ôl

230 – 200 miliwn o flynyddoedd yn ôl

Mamaliaid – anifeiliaid gwaed cynnes, blewog sy'n geni babanod byw ac yn cynhyrchu llaeth i'w bwydo.

Meteorit – craig sy wedi teithio drwy'r gofod a tharo yn erbyn y Ddaear.

Meteoroid – craig sy'n teithio drwy'r gofod.

Mygwr du – llosgfynydd tanfor sy'n chwythu dŵr chwilboeth allan. Mae'r dŵr yn llawn o ronynnau bach du, ac yn edrych fel mwg du.

Ocsigen – nwy, heb liw nac arogl, a gynhyrchir gan blanhigion. Rhaid i'r rhan fwyaf o bethau byw anadlu ocsigen.

Oesoedd yr iâ – adegau hir pan oedd iâ'n gorchuddio rhannau helaeth o'r Ddaear.

Tictaalic – pysgodyn mawr â phedair asgell, tebyg i goesau. Un o'r creaduriaid cyntaf i gripian o'r dŵr a cherdded ar dir. Mae wedi diflannu o'r Ddaear.

Trilobit – anifail môr â sgerbwd gwydn, wedi'i rannu'n dri darn, ar ochr allanol ei gorff. Roedd yn byw dros 250 miliwn o flynyddoedd yn ôl, ac mae wedi diflannu o'r Ddaear.

Ymlusgiaid – anifeiliaid gwaed oer, â chroen gwydn, sy'n dodwy wyau ar dir.